LES FÊTES

DU

VIᵉ CENTENAIRE

DE

L'UNIVERSITÉ DE MONTPELLIER

1289-1890

Par Frédéric FABREGE

MONTPELLIER

JEAN MARTEL AÎNÉ, IMPRIMEUR DE L'ACADÉMIE,
rue de la Blanquerie, 3, près de la Préfecture.

M DCCC XC

LES FÊTES

DU

VIe CENTENAIRE

DE

L'UNIVERSITÉ DE MONTPELLIER
1289-1890

LES FÊTES

DU

VIe CENTENAIRE

DE

L'UNIVERSITÉ DE MONTPELLIER

1289-1890

Par Frédéric FABREGE

MONTPELLIER

JEAN MARTEL AÎNÉ, IMPRIMEUR DE L'ACADÉMIE,
ruo de la Blanquerio, 3, près do la Préfecturo.

M DCCC XC

CÉLÉBRATION DU VIe CENTENAIRE

Les fêtes ont légitimé et dépassé toutes les espérances.

Vingt nations étaient représentées ; trente-sept Universités étrangères, les cinq Académies de l'Institut, le Collège de France, la Sorbonne, les Facultés de province et d'Algérie, les grandes Écoles avaient envoyé des délégués.

Le 22 mai, l'Évêque a inauguré les solennités par un service religieux à la cathédrale Saint-Pierre, due à Urbain V, la gloire de notre vieille Université. Jamais on n'y vit pareille affluence : maîtres et élèves, français et étrangers, ont d'ailleurs rivalisé d'empressement à s'y rendre.

Après la messe, célébrée par l'Archevêque d'Andrinople, Mgr. de Cabrières a dominé cet auditoire d'élite par son éloquence, pleine de charme et d'érudition, empreinte de ce souffle généreux et de cet esprit libéral qui ont, à toute époque, caractérisé l'épiscopat. Notre prélat s'est ainsi montré le digne successeur de ces évêques, défenseurs des cités pendant la barbarie, fondateurs, au moyen âge, des écoles, apôtres et champions, de nos jours, de la diffusion et de la liberté de l'enseignement.

L'après-midi, inauguration du nouveau Palais des Facultés, installées désormais à Saint-Éloi. Pour consacrer la transformation de l'hôpital en Université, on ne pouvait mieux imaginer que de couronner l'éloge de Bouisson, médecin et chirurgien, artiste et littérateur, patriote ardent et grand chrétien, supérieur en tout, distingué partout, à l'Assemblée Nationale comme à l'Institut, et qui, après avoir jeté un si vif éclat sur notre ville par son enseignement et par ses écrits, a fait de magnifiques fondations, qui perpétueront l'œuvre bienfaisante de sa vie.

Comment séparer du nom de Bouisson et du souvenir de l'ancien hôpital celui que Mgr. Dupanloup, écrivant à de Falloux, appelait « le grand Combal »? Lui, dont les princes se disputaient les consultations, il préféra toujours à tous les clients les pauvres de Saint-Éloi! Il y passa même la meilleure partie de sa vie, près de ces filles de la charité, qui prodiguent aux déshérités du monde les trésors d'un dévouement que ne rencontrent pas les heureux de la terre. Personne n'a plus fait pour légitimer l'ascendant de notre école. De Marseille à Bordeaux, de Toulouse à Lyon, sa primauté fut indiscutée, sa présence enviée, sa mémoire bénie et vénérée. Si Montpellier s'impose comme le vrai centre de la science, ce n'est qu'un devoir de justice de rappeler les noms des citoyens qui, en popularisant le génie et les services de nos facultés, ont préparé et assuré notre hégémonie?

Le vendredi, 23 mai, le Président de la République arrivait de Paris avec les Ministres pour donner à ces fêtes locales l'importance d'un événement national, et saluer, au nom de la France, les représentants du monde savant de l'Europe et de l'Afrique, de l'Asie et de l'Amérique et même de l'Océanie.

On ne saurait imaginer une scène plus grandiose et plus saisissante, que la séance tenue, sous un immense velarium, sur la terrasse du Peyrou. Quel cadre merveilleux et classique pour la fête même des lettres!

Le ciel était bleu comme celui de l'Attique et du Latium; l'air embaumé par une douce brise de mer. Le soleil éclairait de ses rayons empourprés les montagnes et la Méditerranée. L'Aqueduc et le Château-d'eau, l'Arc de triomphe et le Palais de justice, les tours et les clochers de la ville brillaient de cet éclat doré du crépuscule qui anime toujours d'une majesté nouvelle les monuments marqués du génie d'un siècle.

Autour de M. Carnot, toutes les autorités empanachées et constellées de décorations : le clergé, la magistrature, l'armée, l'université, les administrations, les notabilités de la ville, et trois cents délégués, professeurs ou élèves, en costumes de tout pays et de toute époque, de toute forme et de toute couleur, dont la diversité donnait un aspect on ne peut plus pittoresque à cette cérémonie, unique dans les fastes de notre patrie. En contemplant ces larges robes de soie et de velours, ces pelisses et ces camails fourrés d'hermine, ces draperies et ces épitoges variées, ces riches colliers, ces toques galonnées d'or ou d'argent, on croyait voir l'aréopage du monde savant. Au contraire, ces bérets à crevés variés, sur des fronts radieux de vingt ans, rappelaient ces temps où mille étudiants (1), Italiens et Espagnols,

(1) *Mille studentes* (Rouleau de suppliques en cour de Rome, pour les membres de l'Université de Montpellier; Avignon, 4 novembre 1562. *Cartulaire*, t. 1er, p. 450).

Suisses et Allemands, Irlandais et Danois se pressaient dans nos murs, pour écouter, étendus sur la même paille, « dans ces écoles d'égalité, et non, comme on l'a dit, » des instruments de tyrannie » (1), les leçons de Placentin et de Grimoard, de Guy de Chauliac et de Rondelet !

La statue équestre de Louis XIV, tournée vers l'Espagne, pour rappeler qu'il n'y a plus de Pyrénées, symbolisait la gloire du passé ; les princes de la science apportant les adresses enluminées des peuples civilisés témoignaient de leur estime pour la France, de l'importance traditionnelle et actuelle de Montpellier.

Le Recteur a souhaité en très bons termes la bienvenue au Chef de l'État. Il a fait honneur à l'éminent professeur Germain de la pensée du Centenaire qui ajoutera une page si glorieuse aux annales de la cité dont il a illustré l'histoire. Si notre siècle a rompu avec le passé, cette renaissance de nos plus nobles traditions doit nous en faire d'autant plus apprécier la grandeur et les services.

M. Croiset, un écrivain de race, a fait, avec autant d'intérêt que de talent, l'historique de notre Université, dont il a dépeint la physionomie mobile mais toujours vivante, au moyen âge, pendant la Renaissance et sous l'ancien régime.

Le Ministre de l'Instruction publique a produit alors une vive impression, en reconnaissant officiellement l'Université de Montpellier, qui n'était qu'un souvenir et redevient une réalité. Pourquoi ne s'est-il pas élevé au dessus de l'athéisme officiel ? S'il n'a pas oublié Rabelais, il n'a même pas prononcé le nom de Dieu, de

_____

(1) Discours de M. Boissier.

ce Dieu proclamé partout ailleurs la lumière des esprits, comme l'exprime la devise d'Oxford, que tenait si dignement le fils du Speaker de la Chambre des Communes, le petit-fils de Robert Peel, l'émancipateur de l'Irlande : *Dominus illuminatio mea !*

En revanche, M. Gaston Boissier, de l'Académie française, a vengé l'ancienne France contre les calomnies de ceux qui ne la connaissent pas. Son collègue, M. Gréard, recteur de Paris, s'est exprimé avec non moins de franchise et d'autorité.

Le délégué de Bologne, au nom de la plus ancienne Université, a salué dans notre ville sa fille et sa sœur, puisque c'est de Bologne, où enseigna Irnerius, que Placentin vint à Montpellier fonder la première École de droit en France. M. le recteur Chancel a enfin remercié tous les étrangers de cet éclatant hommage, qui donne à notre ville un lustre incomparable.

Tous ces savants se sont alors levés pour saluer, l'un après l'autre, le Chef de l'État, pendant que les bannières multicolores des principales villes de France, de Rome et d'Edimbourg, de Cambridge et d'Oxford, d'Upsal et de Finlande, de Genève et de Zurich, d'Égypte et des États-Unis s'inclinaient, en signe du respect et de la sympathie de tous les peuples.

Le soir, grand banquet de 1050 convives à l'Hippodrome. S. S. le pape Léon XIII avait accordé la dispense du maigre à l'occasion des fêtes jubilaires.

Le 24 mai, M. Carnot, les ministres, les délégués, ont visité les divers établissements. Il ne leur a pas fallu moins d'une journée pour se faire une simple idée de l'ensemble de tant d'édifices affectés à toutes les branches des connaissances humaines : Université, École de

Médecine, Instituts de Chimie, de Physique, de Botanique, Jardin des Plantes, École de Pharmacie, École
d'Agriculture, École Normale, Lycées, Musée, Hospice
général, nouvel Hôpital Saint-Éloi, Bibliothèques de
la ville, de l'École de Médecine, des Facultés. Le
soir, représentation au théâtre de *Patrie*, l'œuvre de
notre compatriote Paladilhe, et débit par Mounet-Sully
de l'Ode d'un autre Montpelliérain, de Bornier.

Le 25 mai, foule extraordinaire attirée par le cortège historique, imaginé pour rappeler la réception de
Rondelet et de Rabelais comme docteurs. Le 26,
excursion à Aigues-Mortes et à Palavas. Le 27, départ
pour Marseille qui, en s'associant à nos fêtes, a prouvé
qu'elle était heureuse de s'inféoder à l'Université de
Montpellier.

Ainsi se sont passés les grands jours du Centenaire.

En réunissant aujourd'hui quelques articles inspirés
par les circonstances, publiés sans prétention, nous
n'avons qu'un but : c'est de prouver la participation et
l'unanimité de tous les partis, quand il s'agit des intérêts
supérieurs de la science et des nobles destinées de notre
chère Cité.

La célébration d'un VIᵉ Centenaire est, entre toutes,
la fête des conservateurs, puisque c'est le triomphe de
la tradition historique et l'éclatante justice rendue au
passé. S'ils ne pouvaient donc hésiter à s'y associer du
fond du cœur, ils ont montré, dans cette circonstance,
que le patriotisme domine chez eux toute préoccupation
d'esprit de parti. Les républicains, de leur côté, nous
leur rendons pleine justice, ont eu le bon goût d'éviter
tout ce qui pourrait donner à cette solennité la moindre

apparence politique, pour lui maintenir le prestige et le mérite d'une fête intellectuelle.

Les uns et les autres ont également prouvé que nos populations méridionales, pleines de vie et d'enthousiasme, ont, au même degré, le sentiment des convenances, la passion des plaisirs délicats, le respect de toutes les opinions. Elles ont ainsi donné la mesure de leur intelligence et de leur éducation en même temps que l'exemple d'une admirable tenue. On n'a pas entendu la moindre note discordante, et, malgré la présence de cent mille étrangers, pas le moindre délit n'a été signalé.

Il y a quinze ans, lorsqu'il était question de reconstituer quelques centres universitaires, M. Waddington, ministre de l'Instruction publique, arrivait à Montpellier, l'esprit prévenu en faveur de villes plus populeuses. Lorsqu'il eut visité la nôtre, fait connaissance avec notre personnel, admiré nos collections de toute nature, il fut si émerveillé qu'il ne put s'empêcher de s'écrier : « Il y a entre Montpellier et les villes rivales toute la différence qui distingue un fils de famille de simples parvenus ».

C'est, dit-on, ce qu'a relevé M. Carnot lui-même. Très sensible aux égards que l'on prodiguait à sa personne, il ne s'est pas fait illusion sur l'attitude discrète et réservée de la foule au point de vue gouvernemental. D'autant plus reconnaissant que cet accueil sympathique s'alliait à l'indépendance des convictions, il a fait ressortir le contraste de ce bon ton général avec les démonstrations bruyantes et compromettantes des radicaux dans les autres villes.

Les revues et les journaux étrangers enfin, d'Edimbourg et d'Oxford, de Genève et de Rome, de Saint-

Pétersbourg et de New-York, ne tarissent pas d'éloges sur la magnificence des fêtes et la courtoisie parfaite avec laquelle ont été accueillis les hôtes étrangers, reçus partout comme des amis et des frères.

En représentant avec tant de dignité la bonne grâce et la générosité nationales, Montpellier a ainsi contribué à faire apprécier les qualités naturelles du génie français. Elle n'avait d'ailleurs qu'à demeurer fidèle à ses traditions pour justifier, une fois de plus, sa vieille réputation d'urbanité, de distinction sociale et de supériorité scientifique. Elle s'est donc révélée, plus que jamais, un lieu privilégié et, comme la qualifiait déjà, en 1289, le pape Nicolas IV, dans la bulle qui décrétait l'érection des trois Facultés de Droit, de Médecine et des Arts en Université « la ville fameuse qui passe pour convenir merveilleusement à l'étude, *locus Montispessulani, celebris plurimum et famosus, aptus valde pro studio* ». Voilà comment elle a été pendant des siècles, pourquoi elle reste toujours de fait et va constituer enfin légalement le vrai milieu universitaire du Midi de la France.

L'ANCIENNE UNIVERSITÉ DE MONTPELLIER *

Conférence de M. Viglé.

Dès 4 heures, hier soir, la salle des Concerts était envahie par l'élite de notre société, jalouse de témoigner le vif intérêt qu'elle porte à nos vieilles Écoles et d'entendre la voix si autorisée du doyen de la Faculté de Droit, président de la commission du Centenaire.

Tout le monde apprécie la haute valeur, l'érudition sûre, le sens critique et l'exquise aménité du professeur. Nous lui devons une vraie reconnaissance pour avoir donné à notre nouvelle École de Droit, dès le début, tant d'importance et de prestige. Il était naturellement désigné pour inaugurer la série des travaux qui feront des fêtes jubilaires un événement montpelliérain et national.

Leyde, Upsal, Heidelberg, Zurich, Bologne ont déjà célébré leur centenaire, bien que la plupart de ces villes remontent bien moins haut, comme foyers scientifiques. En prenant, la première en France, l'initiative de fêter le sien, Montpellier affirme ses titres de noblesse dans le passé et ses titres indiscutables dans le présent à constituer un des principaux centres universitaires.

Le conférencier a d'abord rendu hommage à la mémoire de Germain, l'historien de la cité, à qui nous devons l'illustration de nos annales, auxquelles il a tant ajouté par l'éclat de son enseignement et de ses ouvrages. L'enthousiasme de l'assem-

* *Éclair* du 14 mai 1889.

blée a révélé combien ce nom , si populaire , était une de nos gloires les plus pures et les plus chères.

Quelques hommes, animés d'une touchante passion pour notre cité, comme Cavalier, qui a fait un don royal à la Bibliothèque de la Ville, avaient protesté contre le Centenaire, parce qu'il semblait ne pas tenir compte des deux siècles d'enseignement avant la bulle du 26 octobre 1289. L'École de Médecine existait, en effet, dès le XIe siècle, et certains auteurs la font même remonter au Xe.

Mais, comme l'a très bien fait ressortir M. Vigié, la constitution des Universités ne marquait pas un point de départ; elle consacrait , au contraire, le fait antérieur du *studium generale*. En érigeant les écoles libres en Universités, les Papes donnaient à l'enseignement une autorité européenne et aux grades une valeur reconnue et appréciée dans toute la Chrétienté. Voilà pourquoi toutes les nations font dater leurs Universités de leur reconnaissance par le Saint-Siège.

A ce sujet, nous ne saurions trop louer et remercier le professeur d'avoir parlé avec tant de tact et de respect de l'Église au moyen âge. S'il n'accomplissait qu'un acte de justice, en proclamant ses services, il prouvait du moins que l'impartialité de l'historien plane au-dessus des passions du jour.

Peut-être M. Vigié n'a-t-il pas assez apprécié la liberté d'enseignement? Il a cité la charte de Guillem VIII de 1181. Germain a dit, à ce propos, que « le moyen âge n'a rien offert de mieux nulle part » (*Liber Instrumentorum* — introduction). Cette liberté était précisément en faveur des Juifs et des Arabes; ce qui prouve, suivant le mot de Mme. de Staël, que c'est la liberté qui est ancienne et le despotisme nouveau. S'il n'y avait eu que des écoles officielles, que serait devenu le droit avec des légistes comme les professeurs de cette époque, complices de Guillem VIII, qui voulait faire reconnaître son second mariage avec Agnès d'Aragon , du vivant même de sa première femme, Eudoxie Commène? C'était la liberté qui rémédiait au régime des privilèges. Le droit de tout dire assurait l'indépendance des caractères et la liberté des peuples ; celui de professer les garantissait contre l'arbitraire et les entreprises de la féodalité.

M. Vigié s'est étendu avec complaisance sur l'organisation et le régime intérieur des Écoles, sur ces juridictions et ces corporations universitaires, où les étudiants faisaient la loi aux maîtres. N'est-ce pas curieux que ce monde savant constitué en république, avec des franchises, des autorités et des juges nommés par le suffrage universel des écoliers ?

Cette peinture des mœurs universitaires a été pleine d'originalité, de vie, de couleur. La variété et la multiplicité des détails n'enlevaient rien à l'unité et à la clarté du discours. On découvrait l'artiste dans le savant, et plus d'une fois l'auditoire a révélé combien il appréciait les traits piquants dont le professeur émaillait son tableau.

S'il connaît le passé à fond, M. Vigié aime passionnément nos Écoles modernes. Avec quelle éloquence émue il a parlé de nos illustrations contemporaines Bérard, Germain, Combal, Bouisson ! Et à propos de ce dernier nom, il a rendu hommage à celle qui, se souvenant de son père et de son mari, a voulu associer le nom du grand chirurgien au Centenaire, en renonçant, à cette occasion, à la jouissance viagère des cent mille francs légués par Bouisson à l'École de Médecine.

C'est ainsi que nos concitoyens demeurent fidèles aux traditions généreuses de leurs pères. N'avions-nous pas partout des collèges dus à la libéralité privée : collège de Valmagne, collège de Pézenas ou de Brescia, collège de Saint-Germain, collège de Girone, collège de Mende, collège Saint-Ruf?

Pour provoquer les sacrifices, il suffit de s'élever au-dessus de l'esprit de parti, en se plaçant sur le terrain de la science, des lettres et des arts, où tous les honnêtes gens peuvent se rencontrer. C'est l'espérance manifestée par M. Vigié, et l'accueil chaleureux du public a montré combien il répondait à la pensée de tous.

Nous le remercions et le félicitons de son brillant succès, et nous tenons à dire que nous nous associons aux fêtes jubilaires.

Combien aurions-nous voulu voir tous les Français unis pour fêter dignement le 5 mai 1889 ! Le centenaire de la convocation des États généraux a échoué parce qu'on a voulu le faire dégénérer en fête de parti. Au nom de la science et de Montpellier, ne voyons dans le VIe Centenaire de l'Université qu'une occasion de consacrer la gloire de nos Écoles, en préparant de nouvelles destinées à notre grande et belle Cité !

LE COMITÉ DU CENTENAIRE *

On me demande des éclaircissements sur la note du Comité publiée ce matin par l'*Éclair* (1). Je réponds sans retard et sans hésitation, pour bien définir la situation et détruire toute équivoque.

C'est Germain qui a eu la pensée et fait la proposition à l'Académie de fêter le VIe Centenaire de notre Université. Les conservateurs, qui personnifient surtout l'esprit de tradition, ne pouvaient qu'approuver cette initiative et l'encourager de tous leurs efforts.

Quelle plus belle occasion de rendre hommage à notre glorieux passé, d'affirmer la vitalité actuelle de nos Écoles, de faire ressortir le lustre de nos facultés, de nous imposer enfin à l'attention et aux libéralités des pouvoirs publics, trop enclins à classer les villes et à mesurer leurs crédits selon le nombre des habitants ?

(1) « Le Comité général des fêtes du Centennaire s'est réuni récemment à l'École de Médecine. Les conditions dans lesquelles la Ville s'associe à la célébration des fêtes et la part qu'y prendra le Comité sont une garantie définitive du succès. La Ville emploiera elle-même sa subvention, d'après les projets arrêtés dans la commission où siègent des membres du Conseil municipal auprès des membres du Comité, sous la présidence du maire.

» De son côté, le Comité général continue sa souscription, qui atteint déjà un chiffre important. Les fonds ainsi recueillis seront consacrés par lui aux fêtes universitaires, de concert avec le Conseil général des Facultés. Cette entente promet de brillants résultats ; on ne peut plus douter de l'éclat qui marquera la commémoration du VIe Centenaire de notre vieille Université. La population le sait et on peut compter sur ses sympathies effectives, acquises à une œuvre qui mérite et réclame le concours de tous »

* *Éclair* du 16 janvier 1890.

Notre cité avait déjà de précieux parchemins; elle possédera bientôt un titre unique: elle sera la seule de France qui ait célébré, au XIX° siècle, le centenaire de son Université. Ni Paris, ni Bordeaux n'ont eu ce mérite; Orléans ne pourra revendiquer ce privilège qu'en 1912!

Le Comité du Centenaire se compose de deux éléments: les représentants des Facultés et des grandes Écoles; les délégués des sociétés savantes et certaines notabilités littéraires, scientifiques et artistiques.

Si nos Facultés formaient une petite église, on pourrait dire que ce second élément non officiel est l'élément laïque; mais elles constituent la république des lettres, ouverte à tous les hommes d'intelligence et de travail. C'est peut-être la seule qui ne proscrive personne et reçoive avec empressement même les princes et les empereurs.

L'importance, à Montpellier, de cet élément social prouve à quel point notre bonne ville est par elle-même un centre universitaire, que ne vaudront jamais ni Lyon ni Marseille, villes d'industrie et de commerce. Ces grandes agglomérations peuvent nous écraser par leurs ressources budgétaires; un décret peut supprimer telle ou telle Faculté, comme celle de Douai, ou en créer de nouvelles comme à Lille; mais Alexandre le Grand lui-même n'a pu fonder une nouvelle Athènes, et Berlin ne remplacera jamais Weimar.

C'est aussi ce qui explique comment toute notre population, tous les partis et particulièrement l'*Éclair* se passionnent toujours dès qu'il est question de nos Écoles et de nos Facultés, de nos Cliniques et de nos Hôpitaux, des Bibliothèques et des Musées.

Pourquoi donc le Centenaire a-t-il paru un instant compromis?

Pourquoi la note de ce matin que l'on me prie d'expliquer?

On avait beaucoup répété certaines paroles, atténuées et amendées, mais qui laissaient croire que l'Administration voulait absorber le Comité et donner un caractère politique à une solennité dont tout le prestige et tout le mérite sont dans l'initiative et l'assentiment de la population.

Le bureau du Comité s'est vu ainsi obligé de se réunir pour rassurer les uns et disculper les autres. La discussion a été courtoise, mais très franche, et d'autant plus complète que le langage académique permet d'accentuer surtout les réticences.

Il ne pouvait être question de critiquer ni de regretter le voyage de M. Carnot. En venant à Montpellier, comme le roi de Suède à Upsal, l'empereur d'Allemagne à Heidelberg et le roi d'Italie à Bologne, le chef de l'État donne à cette fête le caractère d'une solennité nationale et historique. Ce ne sont pas les hommes d'ordre qui seraient capables de manquer aux lois de l'hospitalité en oubliant le respect et les égards dus à sa personne et à sa situation.

Il est vrai que la présence du Président de la République pourrait servir de prétexte à certaines manifestations ! Assurément elles n'atteindraient pas les conservateurs ; elles prouveraient tout au plus que les radicaux ne sont pas des Athéniens !

Il serait même piquant de voir une manœuvre anticléricale à propos d'un événement et d'une date qui révèlent l'œuvre et les services séculaires de l'Église !

Mais nous n'avons rien à craindre de notre intelligente et excellente population. Nos adversaires seront les premiers à observer les convenances patriotiques. Ils ne voudront pas créer des embarras à la diplomatie de la République, en blessant dans leurs légitimes susceptibilités les Anglais et les Suédois, les Danois et les Russes, les Belges et les Hollandais, les Allemands et les Autrichiens, les Grecs et les Roumains, les Italiens et les Espagnols, tous sujets de pays monarchiques. Ils ne voudront pas surtout donner ainsi raison aux gouvernements étrangers qui avaient refusé de se faire représenter et même de figurer à l'Exposition universelle, parce que leurs nationaux auraient été exposés à des insultes.

Telles sont les considérations émises par quelques-uns au sein du Comité et qui ne pouvaient soulever aucune contradiction.

Il a donc été décidé qu'on ne changerait pas la nature primitive des fêtes, tout en tenant compte des nécessités d'exécution. Les fonds de la souscription, de l'État et du département resteront aux mains du Comité et du Conseil général des Facultés. On a déjà utilisé un large crédit pour imprimer l'*Histoire de l'Université* par Germain et le *Cartulaire* qui contient nos titres de noblesse.

La ville doit, à son tour, s'imposer des sacrifices, et nous serions les premiers à lui faire un crime de n'en pas faire. La municipalité a de plus la propriété des édifices comme le théâtre, le seul monument où l'on puisse célébrer dignement la principale séance; c'est elle qui a enfin la responsabilité de l'ordre public. On ne peut donc pas se passer de son concours et il faut bien s'entendre avec elle.

Je suis heureux d'ajouter que les délégués du Comité ont eu une première conférence avec la commission du Conseil municipal, sous la présidence de M. le Maire. Elle n'a pas duré moins de trois heures, et on n'a fait que tracer les grandes lignes du programme! Il ne m'en coûte pas de dire qu'il n'y a pas eu entre nous l'ombre du plus léger dissentiment.

Il est vrai que, partout ailleurs, dans les pays protestants surtout, ces fêtes ont été inaugurées par une cérémonie religieuse.

Cette lacune est d'autant plus regrettable, à Montpellier, que la Cathédrale et l'École de médecine actuelle ont été bâties par Urbain V, qui professa pendant vingt ans dans notre Université. C'est encore lui qui fonda le Collège de Mende, dont un écrivain plein de charme et d'érudition, Mlle L. Guiraud, a imprimé l'histoire; c'est enfin son frère, le cardinal Anglic Grimoard, qui éleva le Collège Saint-Ruf.

Au moment des élections, nous n'avons certes dissimulé ni nos convictions, ni nos revendications. Nous ne cesserons jamais de dénoncer la guerre faite à notre foi; et si nous sommes les ennemis des privilèges, nous combattrons toujours, au nom de la liberté, tout régime d'exception contre l'Église.

Mais ce ne sont pas nos Facultés, ce ne sont pas nos professeurs, dont un grand nombre partagent et pratiquent nos croyances, que nous devons rendre responsables de l'irréligion officielle.

Ce serait surtout méconnaître notre Évêque que de le supposer capable d'oublier et de négliger pour sa part les glorieuses traditions de ses prédécesseurs, qui ont ouvert, soutenu et illustré nos Écoles, nos Collèges, l'Université. Il ne manquera pas de nous donner rendez-vous dans le monument d'Urbain V, la gloire de l'Église et de la France, l'incomparable bienfaiteur de Montpellier !

La solennité religieuse ne sera donc pas officielle, c'est convenu ; elle n'en sera pas moins populaire et n'en aura que plus de signification.

Rien ne manquera à ces fêtes, qui peuvent être très intéressantes et très brillantes. Elles ne seront un succès pour aucun parti ; mais elles satisferont et réjouiront tous ceux qui rêvent la grandeur de la cité, l'union et le concours de toutes les classes et de toutes les opinions dans un même élan de patriotisme local et dans une généreuse émulation de fierté nationale.

C'est ainsi que nous assurerons l'héritage de nos maîtres, de nos ancêtres, de nos amis, esprits éminents, grands citoyens et grands chrétiens : A. Germain, Flottes, Siguy, Taillandier, Mondot (1), Jeannel, De Candolle, Dunal, Marcel de Serres, Legrand, Roche, Planchon, Lordat, Broussonnet, René, Delpech, Caizergues, Lallemand, Chrestien, Bérard, Moutet, Dumas, Fonssagrives, Dubreuil, Serres, Jaumes, Boyer, Estor, Cavalier, Courty, Bouisson, Combal !

(1) Ces hommes sont trop connus pour qu'il soit nécessaire d'en faire l'éloge. On nous communique toutefois un détail à propos de Mondot. Cet honnête homme, dont la vie fut si digne et la fin si édifiante, avait voulu consacrer à Dieu sa rare intelligence du latin : il avait traduit tous les psaumes. Voilà bien l'œuvre d'un vrai professeur ! Pourquoi ne publierait-on pas ce livre, en le faisant précéder de quelques pages, pleines d'élévation, de ce philosophe chrétien ? (*Éclair* du 17 janvier 1890).

Et, quand toutes les nations d'Europe, quand les États-Unis et l'Australie enverront, même à travers les océans, l'élite de leurs savants pour nous rendre hommage, comment n'éprouverions-nous pas un tressaillement de légitime orgueil? Comment les gouvernements et les siècles pourraient-ils oublier et méconnaître jamais que Montpellier a été, que Montpellier est, que Montpellier veut être et doit rester toujours un des plus lumineux foyers de la civilisation?

LA TRÈVE DU CENTENAIRE *

Cinq siècles avant la Révolution française, plus de deux avant que Christophe Colomb découvrit l'Amérique et que Vasco de Gama traçât la route des Indes en doublant le cap de Bonne-Espérance, trois cents ans avant que Philippe II eût fait de Madrid une grande ville, 481 ans avant que Pierre-le-Grand posât la première pierre de Saint-Pétersbourg, alors que Berlin n'était qu'un méchant village, le 26 octobre 1289, le Pape Nicolas IV érigeait les Facultés de Montpellier en Université.

Il n'y a que dix villes dans le monde qui puissent se prévaloir d'avoir obtenu avant nous cette insigne distinction : Paris et Toulouse en France ; Oxford en Angleterre ; Valence et Salamanque en Espagne ; Coïmbre en Portugal ; Bologne, Naples, Padoue, Rome en Italie. L'Université de Vienne ne date que de 1365, celles de Copenhague et d'Upsal de 1476, celle de Berlin de 1811 !

Si la constitution des Universités investissait les Facultés du privilège de conférer des grades reconnus dans toute la Chrétienté, elles devaient, pour mériter cette récompense, avoir fait depuis longtemps leurs preuves.

C'est ainsi que notre École de médecine remontait au xi⁰ siècle, peut-être même au x³ ; celle de droit à Placentin, en 1160 ; celle des arts à 1242. La Faculté de théologie ne devait exister qu'en 1421.

Neuf siècles de haute culture intellectuelle et d'enseignement supérieur, voilà nos états de service ! voilà nos quartiers de noblesse !

Quel est le citoyen digne de ce nom, quel est l'homme d'intelligence et de cœur que cette seule pensée pourrait laisser

* *Éclair* du 16 mai 1890.

indifférent ou insensible? Qui voudrait opposer le dédain ou
l'oubli à cette majesté des souvenirs? Qui oserait, en profanant
ce patrimoine sacré des traditions et des services rendus, provoquer l'indignation d'outre-tombe de ces trente générations
modestes, mais fécondes, vouées au travail, à la recherche de
la vérité, au progrès de la science, au soulagement de l'humanité, qui popularisèrent, aux derniers recoins de l'Europe, le
renom de Montpellier et firent admirer le génie de la France?

Exoriare aliquis nostris ex ossibus ultor.

C'est donc un fait glorieux entre tous que le VIᵉ Centenaire
de l'Université a pour but de mettre en relief et que vont proclamer les trois cents *délégués* de l'ancien et du nouveau monde,
qui ont annoncé leur arrivée, non seulement des extrémités de la
France, mais de Stockholm et de Palerme, de Saint-Pétersbourg
et de Coïmbre, de Dresde et de New-York !

Pour rehausser l'éclat de ces fêtes, toute la Ville est en liesse,
et des flots de visiteurs vont se répandre dans nos murs. L'Académie française, l'Institut, les sociétés savantes, les Facultés
de Paris et de province, les Universités d'Europe et d'Amérique
se font représenter. Et, ce qui doit ajouter à cette fête un
prestige national et la consécration même de la France, le Chef
de l'État vient à Montpellier.

Il ne s'y rend pas accidentellement, comme à Marseille, ni
dans un but politique, comme en Corse. Il vient exprès, non
pas au nom d'un parti, mais au nom de la Patrie, pour saluer
notre grandeur tant de fois séculaire et, en témoignant par sa
présence que la troisième Université par la date est plus vivante
que jamais, reconnaître et consacrer notre *centre universitaire.*

Assurément les monarchistes ne peuvent, sans trahir leurs
convictions, acclamer le Président de la République, les chrétiens de toute confession et les libéraux de toute opinion sym-
pathiser avec un gouvernement, ennemi systématique de toute
religion et frelateur, dans l'Hérault surtout, du suffrage universel. Mais, s'ils ne rendent pas M. Carnot responsable person-

nellement de tous les attentats de son gouvernement ou de la majorité parlementaire, ils ont trop l'habitude et le sentiment du respect pour ne pas accueillir avec convenance le premier magistrat, qui fait même acte d'indépendance vis-à-vis de certains ministres en ne dédaignant pas de rendre hommage, lui, Président de la République, à l'œuvre de nos Évêques, des Papes et des Rois.

Pour obtenir ces résultats, tous les partis ont oublié leurs divisions et se sont unis dans un même esprit de générosité, de paix et de concorde contre les prétentions, les jalousies et les intrigues des villes rivales. Ils ont proclamé et loyalement pratiqué la trêve du Centenaire, comme nos pères du moyen âge observaient la trêve de Dieu. En appréciant sous ce rapport les intentions de tous, depuis l'Évêque jusqu'à la Municipalité, nous n'aurons, il faut le croire, rien à regretter, ni de notre pleine confiance ni de notre loyal concours.

Comment en serait-il autrement? N'est-ce pas le propre des belles-lettres et des arts libéraux d'adoucir et de polir les mœurs, *humanitate politior*, en écartant, comme dit encore Cicéron, tout ce qui peut choquer, *quæ ab humanitate discrepant?*

Aussi, bien que la cérémonie de Saint-Pierre ne soit pas officielle, nous pouvons garantir qu'elle sera magnifique. Ceux-là mêmes qu'on aurait pu croire hostiles, ou tout au moins indifférents, ne seront pas les moins empressés à se rendre dans le temple d'Urbain V. Et qu'il nous soit permis, à ce propos, de remercier Mgr. de Cabrières de son initiative et de son ardeur à prôner le Centenaire. S'il obéit surtout aux nobles instincts de son âme et à sa haute intelligence des traditions glorieuses de l'Église et de sa ville épiscopale, il prouve, en faisant valoir qu'il est le successeur des chanceliers de l'Université, quel cas il fait de cette dignité, et que, si l'Église a le culte de la science et du travail, elle honore dans le professorat un véritable sacerdoce.

C'est ainsi qu'il continue l'œuvre de ses ancêtres, fondateurs de nos Écoles, de nos Collèges, de nos Facultés, dont le brillant tableau sera fait, à la grande solennité du Peyrou, par un Athénien, né à Paris, Montpelliérain par adoption, le gendre de Germain, et à qui nous devrons la publication de cette *Histoire de l'Université de Montpellier*, l'ouvrage posthume de l'illustre doyen.

Si M. Croiset personnifie l'atticisme, c'est un de nos concitoyens, descendant des trouvères et des troubadours, qui a composé l'ode sur l'Université que doit lire Mounet-Sully, le grand artiste du Théâtre-Français. M. de Bornier ne se complaît que dans les régions les plus pures, sur les hauteurs d'où sa muse domine le monde et les siècles. Le chantre de la *Fille de Roland*, le vengeur de la dignité de la femme dans *Mahomet*, a surtout une passion qui fait vibrer son âme et est le trait dominant de sa poésie, le sentiment, l'amour de « douce France », comme disaient les héros du cycle épique.

Un autre enfant de Montpellier, qui s'exprime en musique comme de Bornier en vers, dirigera la représentation de son dernier chef-d'œuvre. Par ses symphonies et ses récitatifs, Paladilhe ne personnifie-t-il pas aussi nos conteurs de chansons de gestes, qui, en exaltant les preux, fondateurs de notre nationalité, préparèrent de grandes et fortes races, capables de tous les héroïsmes au seul nom de *Patrie*?

Le même sentiment a encore inspiré celui qui a fait exécuter pour les étudiants de l'Université un beau drapeau. Il a tenu à y mettre, comme le comité sur les affiches du Centenaire, l'image de la Vierge, qui a figuré sur nos armes, depuis le départ de Guillem V pour la croisade jusqu'aux jours de deuil où notre territoire fut entamé. En l'enlevant, à cette époque, les républicains se sont-ils doutés que cet emblème de notre foi devenait sacré comme la relique du patriotisme, puisque le blason de Montpellier était précisément le même que celui de Strasbourg?

Qu'au souvenir de nos provinces perdues, de nos gloires passées, et surtout des plus chères espérances, que nous avons le droit et le devoir de raviver, tous les cœurs battent à l'unisson ! que la ville s'épanouisse d'enthousiasme ! que tous nos concitoyens brûlent d'une même ardeur patriotique !

Lorsque défilera le long de nos rues ce cortège historique, où seront figurés les corporations locales, les collèges de toutes nations, les Facultés presque millénaires, et ce corps de consuls, préposé depuis 1204 à la garde de nos franchises, surtout du patrimoine sacré des traditions et des intérêts de nos Écoles, tout le monde comprendra qu'il s'agit de faire valoir l'héritage des siècles pour le sauver et l'augmenter. Mais, si nous réclamons le privilège et l'honneur de former dans nos murs des générations viriles, des esprits supérieurs, des hommes de cœur, d'honneur et de travail, c'est pour refaire la France vaincue, mutilée comme au temps de Roland et de Jeanne d'Arc, qui doit ressusciter toujours plus vivante du tombeau où ses ennemis croient l'avoir fait descendre, parce qu'elle est et doit être, comme disait, la main sur Durandal, le héros mourant de Roncevaux, *France la solue*, c'est-à-dire le pays libre par excellence.

LE CARTULAIRE DE L'UNIVERSITÉ

DE MONTPELLIER [1]

Le Centenaire nous vaut déjà un monument qui perpétuera pour la postérité les services et la gloire de l'Université de Montpellier : le *Cartulaire*.

Quelques villes, comme Angers et Avignon, avaient déjà publié le leur ; les grandes Universités étaient en retard. Toulouse n'a pas commencé à dépouiller le sien ; Paris ne nous a précédé que de quelques mois. Son premier volume a paru en novembre ; le nôtre sera prêt le 22 mai. Il contient deux cents pièces, de 1181 à 1400, classées chronologiquement avec indication des moindres variantes. Le dernier volume se terminera par des index détaillés.

Le *Cartulaire* comprendra trois gros volumes in-4° de huit à neuf cents pages chacun. Il est édité sur beau papier, en caractères neufs, sous la direction d'une commission spéciale, que préside avec tant de zèle le savant doyen de la Faculté de Droit, M. Vigié, et qui a eu la bonne fortune de s'adjoindre, comme secrétaire, M. Grand, ancien élève de l'École des Chartes, archiviste-paléographe de la ville, qui s'est fait une notoriété par sa thèse sur l'*Image du monde*, poème didactique inédit du xiii° siècle.

On se représente difficilement la somme inouïe de patience et d'application qu'exige le déchiffrement de six cents parchemins, à moitié déchirés, enroulés, poussiéreux, quelques-uns tombant de vétusté, la plupart en latin, écrits non dans une langue visible, mais avec un système d'abréviations qu'il faut deviner plutôt que traduire. Il y aurait de quoi rebuter les plus intrépides, si la science n'était pas une vocation !

[1] *Éclair* du 17 mai 1890.

Le *Cartulaire* est la collection complète de tous les titres originaux de notre Université, chartes et diplômes, bulles des Papes, ordonnances des rois de France, mandements des évêques, déclarations des seigneurs, lettres des gouverneurs, règlements des consuls, statuts des Facultés, registres des délibérations de conseil, livres des immatriculations d'étudiants.

Une histoire composée sur de tels actes ne peut être ni un roman ni un mensonge ; elle a l'authenticité d'une science et l'évidence de la vérité même.

La plus grande partie de ces documents avait été transcrite par Germain, qui a légué à la ville de Montpellier dix volumes de textes inédits, représentant plus de trois mille pages, de cette belle écriture qui faisait les délices des typographes et prouvait que la main de l'auteur était aussi ferme que son esprit net et lucide.

La commission qui n'a reculé devant aucune peine a sollicité de tous côtés les communications qui pourraient compléter nos archives locales. C'est ainsi qu'un grand nombre de pièces nouvelles ont été fournies par M. Fournier, professeur à la Faculté de Droit de Caen, chargé par le ministre de l'Instruction publique de rechercher les documents sur les anciennes Universités, et par le Père Denifle, dominicain autrichien, sous-bibliothécaire du Vatican, l'auteur du *Chartularium de l'Université de Paris*, qui est parti de Rome pour représenter, aux fêtes du Centenaire, l'École de Saint-Thomas-d'Aquin et le pape Léon XIII. Quelques particuliers enfin ont bien voulu ouvrir leurs collections. Nous devons notamment à M. de Massilian le mandement du Concile de Bâle à l'Université de Montpellier, en 1440.

Le Centenaire produit déjà un tel effet que partout on s'occupe de nous.

Il y a huit jours, un esprit charmant, qui porte un des noms les plus honorés de Paris, M. Henri Cochin, venait, à l'occasion de nos fêtes, rechercher, pour un livre qu'il publie, la trace de Pétrarque qui étudia chez nous pendant quatre ans.

Germain en a cité deux passages sur notre ville. La commission du *Cartulaire* en a imprimé quatre dans l'appendice du premier volume (1). Notre ami nous en a signalé trop tard deux de plus.

Hier, un prêtre de Toulon, l'abbé Daniel, nous adressait une lettre enthousiaste à propos «des géants qui ont étudié à Montpellier et en parlent dans leurs écrits», notamment Brunetto Latini, le maître du Dante, l'ami de Vincent de Beauvais, de Thomas d'Aquin, de saint Louis, qui nous prouva sa prédilection en écrivant son grand poème *le Trésor des connaissances humaines* en français, parce que cette langue est *la plus délectable*.

Ce matin, nous recevions de M. de Muntz, conservateur de l'École des Beaux-Arts, une brochure intitulée : *VIᵉ Centenaire de l'Université de Montpellier. — Les constructions du Pape Urbain V à Montpellier, d'après les archives du Vatican.* Cette curieuse étude complète les monographies de Mᵐᵉ Guiraud, aussi remarquables qu'introuvables.

Que ne devons-nous pas espérer d'un tel ensemble de recherches et d'efforts?

Le premier volume du *Cartulaire* s'ouvre par l'*Histoire de l'Université de Montpellier* de Germain, que l'on a eu le tort de ne pas distinguer par une pagination en chiffres romains. On s'est aperçu trop tard de l'erreur. Il eût été facile d'utiliser le

---

(1) Notre ami M. Henri Cochin vit, depuis dix ans, dans l'intimité du grand poète. Il lui consacre une étude, où l'érudition la plus scrupuleuse se cache sous les grâces de cet esprit parisien qui est pour lui un secret et un héritage de famille. A l'occasion du Centenaire, il a fait, ainsi que nous le disions, il y a quelques jours, un pèlerinage à l'Université de Pétrarque. A notre prière, il a bien voulu nous adresser, en toute hâte, sous forme de lettre, un chapitre de circonstance. Nous en sommes d'autant plus heureux, qu'il nous permet ainsi d'associer aux souvenirs les plus glorieux de Montpellier ce nom de Cochin, si pur, si honoré, célèbre, lui aussi, depuis des siècles, dans les sciences, les lettres et les arts, incomparable peut-être dans les annales de la charité chrétienne ! (*Éclair* du 24 mai. Voir dans le même numéro l'article *Pétrarque à Montpellier*).

tirage effectué pour une publication séparée ; mais on a craint, si on recommençait une partie, de n'avoir pas le volume pour le mois de mai.

Cette histoire est le résumé du *Cartulaire*, la synthèse de vingt monographies sur nos anciennes écoles. Germain s'en est occupé toute sa vie et y a travaillé jusqu'au jour où il a été frappé mortellement, pour ainsi dire la plume à la main, comme Platon. Il ne demandait à Dieu qu'une grâce, de couronner sa carrière professorale en payant son tribut à ces Facultés dont il était l'honneur et qu'il a doublement illustrées par ses ouvrages et sa carrière. La Providence a exaucé ses vœux et béni son œuvre, en lui permettant de l'achever. Si notre ville n'a pas encore élevé une statue, pas même un buste à celui qui consacra sa longue existence à étudier, à publier, à célébrer nos glorieuses annales, et mourut, à la tâche, d'un excès de travail, n'oublions pas que c'est Germain qui eut l'idée, prit l'initiative et doit avoir le principal mérite de ce Centenaire, qui sera le salut et, il faut l'espérer, la fortune de notre centre universitaire. *Defunctus adhuc loquitur.*

L'UNIVERSITÉ DE MONTPELLIER
ET L'ÉGLISE [*]

La liberté est le principe essentiel de toute dignité, de toute émulation, de tout progrès, de la religion même, puisque la foi n'est, dit saint Thomas, qu'un acte de volonté: *Nemo credit nisi volens.*

Cette liberté avait fait le prestige et la fortune des anciennes Universités, comme elle assure encore l'éclat des Universités d'Angleterre, d'Allemagne et d'Amérique. Avec elle ont disparu ces grands corps, la gloire immortelle des villes qui eurent le privilège d'en posséder.

En vain a-t-on cru leur substituer cette Université d'État, qui ne tient compte ni des caractères ni des traditions de chaque localité, impériale hier, républicaine aujourd'hui, royale demain, officielle toujours, indépendante jamais! — Nous parlons de l'institution, non des hommes, parmi lesquels nous sommes fier de compter tant d'amis!

Napoléon Ier, pour avoir des soldats, transforma le collège en caserne. Pour dominer l'enseignement supérieur, il assimila les professeurs les plus brillants à de simples fonctionnaires, amovibles, révocables, à la merci d'un ministre, que les Républicains applaudissent, quand c'est un Ferry ou un Bourgeois, mais qui s'est appelé Falloux et pourrait bien s'appeler de Broglie. Contre cette autocratie, les catholiques luttent depuis plus d'un demi-siècle. Mais voilà que l'Université elle-même veut s'affranchir, encouragée, il faut le reconnaître, par un homme de valeur et d'initiative, bien que notre adversaire, M. Liard, directeur de l'enseignement supérieur.

[*] *Éclair* du 18 mai 1890,

Le 27 janvier dernier, le Conseil général des Facultés de Paris, présidé par M. le recteur, M. Gréard, émettait le vœu que la Sorbonne fût érigée en Université de Paris. Celui de Montpellier a fait mieux encore, et nous l'en félicitons hautement. Il a déjà inscrit, sur le fronton du palais des Facultés, ces mots qui doivent faire battre tous les cœurs qui ont le culte du passé et la préoccupation de l'avenir :

UNIVERSITÉ DE MONTPELLIER.

Si le centre universitaire ne peut plus être en question, quand Montpellier est le rendez-vous de toutes les Académies de France et de trente-sept Universités de l'Ancien et du Nouveau-Monde, le Centenaire a déjà pour résultat de prouver que la France est le seul pays à n'avoir pas d'*Universités*.

Nous ne possédons pas davantage la pleine liberté d'enseignement, puisque nous vivons sous le régime de l'article 7 et des décrets. C'est ce qui fait d'autant plus ressortir le mérite unique, incomparable de Montpellier.

Dès 1181, en effet, à une époque dédaignée et flétrie comme le règne de la théocratie, son seigneur Guillem VIII stigmatisait, comme contraire à la justice et à l'intérêt public, le monopole de l'enseignement, s'interdisant pour lui ou ses successeurs de le concéder à personne, permettant, au contraire, au premier venu, n'importe sa race et sa nationalité, *quicumque sint vel undecumque sint*, de professer publiquement, sans autorisation préalable, la médecine.

Et pour qui, pourquoi cette liberté sans mesure, sans exception ?

Dans l'intérêt des Juifs originaires d'Espagne !

Ainsi, à la veille de la guerre des Albigeois, la ville la plus catholique du Midi, la seule orthodoxe, la seule qui ait échappé à la contagion de l'hérésie, est en même temps la plus passionnée pour la science, la plus libérale dans sa législation. L'esprit de Dieu s'y révèle l'esprit même de liberté, *spiritus Dei libertas*.

C'est que l'amour de la liberté s'inspirait du sentiment de

l'honneur, caractéristique des mœurs chevaleresques. Aussi les étudiants devaient être crus sur parole (statuts de 1220). M. Renan n'avait pas encore découvert, à propos de Judas, qu'il y a des degrés dans la sincérité !

En 1215, le légat d'Innocent III, Robert de Courçon, avait donné à l'Université de Paris ses premiers statuts. En 1220, le légat d'Honorius III, le cardinal Conrad, rédige ceux de l'École médicale de Montpellier, « où, depuis de longues années, dit-il, la profession de la science médicale a brillé et fleurit avec une gloire unique, d'où elle a répandu la salutaire abondance et la vivifiante multiplicité de ses fruits sur les diverses parties du monde ».

Voilà ce que pensait déjà de nous un Allemand, en 1220 !

L'évêque de Maguelone, Jean de Montlaur Ier, avait laissé introduire les Juifs dans l'Ecole de médecine. Le prieur de Saint-Firmin, la première autorité de l'Ecole, après lui, pour généraliser l'usage des livres, si rares et si chers avant l'imprimerie, en rend le prêt obligatoire.

A l'abbaye d'Aniane, on portait en procession le fameux *Textus* donné par Louis le Débonnaire à saint Benoît ; on l'entourait même de cierges et on l'encensait comme une relique.

A Montpellier, l'Eglise ne permettait pas qu'on profanât les livres en ne s'en servant pas. « Tout maître ou étudiant propriétaire de quelque volume authentique sur la médecine, que ses voisins n'avaient pas ou ne pouvaient se procurer avec de l'argent, était tenu de le prêter à quiconque le lui demanderait, et celui-ci, à son tour, devait le passer successivement aux autres jusqu'à ce qu'il y eût ailleurs un livre analogue (14 janvier 1240).

L'égalité, la base de l'ordre ecclésiastique et de l'organisation communale, n'était pas moins en honneur dans l'Université.

On n'y reconnaissait guère qu'une supériorité, celle du mérite ; qu'un privilège, celui du grade. Les licenciés y avaient un droit de préséance sur les nobles. (Ancien statut rappelé dans un acte de 1424.)

Mais rien de plus admirable ni de plus touchant que l'action de la Papauté, qui ne cesse de s'intéresser à nos Écoles, d'en faire valoir l'enseignement, de combler de faveurs maîtres et élèves.

Honorius III, Grégoire IX, Alexandre IV, consacrent les statuts de l'Ecole de médecine. Nicolas IV décrète l'érection des Ecoles de droit, de médecine et des arts en Université. Clément V y règlemente la collation des grades pour relever le niveau des études, et s'entoure, à Avignon, de nos savants. Jean XXII recommande à Philippe-le-Long les députés de l'Université et dispense de la résidence les étudiants ecclésiastiques pourvus de bénéfices. Innocent IV fonde le collège de Brescia ; Urbain V, ceux de Saint-Germain, de Saint-Ruf et de Mende ou des Douze Médecins. Il renouvelle les dispenses en faveur des membres des Ecoles de Montpellier, « ce délicieux verger scientifique, si fertile en hommes d'élite et en intelligences empreintes au plus haut degré de la sagesse du salut ».

Grégoire XI confirme l'exemption d'impôts pour le collège de Mende, Clément VII les privilèges pour les Facultés. Martin V, dont l'élection met fin au grand schisme d'Occident, ajoute une quatrième Faculté, celle de théologie, aux trois de médecine, de droit et des arts. Il exonère des contributions celle de droit qu'il gratifie de toutes les prérogatives dont étaient dotées celles de Toulouse et d'Orléans. Il envoie même des délégués pour en soutenir les intérêts et affranchit les ecclésiastiques qui en suivaient les cours de la résidence dans les bénéfices pendant dix ans. Il recule pour eux de sept ans le diaconat et permet aux religieux de fréquenter les cours pendant cinq. Nicolas V s'occupe des règlements intérieurs ; Alexandre VI permet de prendre les conservateurs de l'Université en dehors des dignitaires de l'Eglise. Léon X établit un juge d'appel et promulgue une bulle contre les détenteurs des biens de l'Ecole de médecine.

Telle fut l'œuvre des Papes au moyen âge !

Se sont-ils montrés indifférents, au xixe siècle ?

Nous assistions à une audience de Pie IX, en 1862. Apercevant tout-à-coup le docteur Barre, le frère de cet homme de bien qui personnifia la charité dans notre ville pendant un demi-siècle, l'oncle du professeur Grasset, qui rappelle par ses services le grand Combal dont il est l'héritier: « Oh ! s'écria le Pape, le docteur de l'illustre Ecole de médecine de Montpellier ! On n'oublie pas un tel titre ! »

Il y a quelques années à peine, Bouisson était reçu par Léon XIII. En voyant l'illustre doyen, dont la vie et les œuvres eurent une telle importance qu'elles ont inspiré onze mémoires, quelques-uns formant de gros volumes, le Pape prit un si vif intérêt à s'entretenir de nos écoles, que cette audience prolongée fut à Rome un événement.

Ce grand Pontife, qui place au-dessus de toutes les œuvres la restauration des hautes études, et a proclamé la France la nation noble par excellence, *nobilissima gens Gallorum*, le successeur de Nicolas IV, d'Urbain V, de Martin V, veut participer au Centenaire. Il nous envoie le Père Denifle, le savant le plus compétent sur l'histoire des Universités. Il dispense même les fidèles du maigre le 26 mai, du maigre et du jeûne le 24, vigile de la Pentecôte. Il ne se demande même pas si l'Eglise a sa part suffisante dans ces fêtes; il ne voit qu'une chose, c'est que le Centenaire, qu'on le veuille ou non, doit tourner à la glorification de l'Eglise.

La première loi promulguée par Jehovah n'a-t-elle pas été la loi du travail ? La première mission des apôtres celle d'enseigner ? Or, qu'est-ce qu'une Université, sinon un centre de travail et d'enseignement ?

Voilà comment toute Université est, même à son insu, une œuvre chrétienne, de même que ces professeurs, que nous regrettons de ne pas voir partager toutes nos croyances, remplissent la vocation de l'humanité, *labora sicut bonus miles Christi !*

Que le Saint-Père soit béni d'avoir ajouté un nouvel anneau

d'or à la chaîne des bienfaits qui rattachent à Rome, depuis six siècles, l'Université de Montpellier! Aussi, en illuminant la ville entière, depuis les plus beaux hôtels jusqu'à la plus modeste mansarde, suivant le vœu de notre Évêque, nous n'oublierons pas que ces feux de la terre ne sont que les reflets de la lumière du ciel, dont Léon XIII fut prédestiné à être la vivante image, *Lumen in cœlo.*

L'UNIVERSITÉ DE MONTPELLIER

ET LA MONARCHIE *

Les Papes avaient créé les Universités; les Rois firent des Universités de France les Universités du monde.

Si considérables qu'elles soient, les Universités étrangères ne sont que nationales. A Oxford, il n'y a que des Anglais ; à Heidelberg, des Allemands ; à Bologne, des italiens. En France, les Universités furent toujours les centres lumineux où convergèrent les savants de tous pays, comme Albert-le-Grand et Thomas d'Aquin à Paris, Brunetto Latini et Pétrarque à Montpellier ; d'où ne cessent de rayonner notre génie, notre langue, notre influence. Et puisque les Écoles de notre ville ont encore de nombreux étudiants qui appartiennent aux nationalités les plus anciennes et les plus jeunes, nous saluons de notre sympathie ces étrangers, dont la présence parmi nous est le plus éclatant témoignage du prestige de notre enseignement, les Egyptiens et les Grecs, les Bulgares et les Roumains, les Italiens et les Espagnols, les Brésiliens et les Hollandais; les Mexicains et les Chinois !

Ce qui fit la légitimité et la grandeur de la Monarchie, ce fut précisément d'avoir deviné que la vocation de la nation française est de prendre l'initiative de tous les progrès et d'être toujours à la tête de la civilisation.

> *Quant Dex eslut nonante et X roiaumes*
> *Tot le meillor torna en douce France.*

Cette pensée d'un trouvère du xie siècle, le hollandais Grotius la confirmait au xviie, en appelant la France « le plus beau royaume après celui du ciel ».

* *Éclair* du 20 mai 1890.

Mais si les rois établirent leur prépondérance politique en se faisant les protecteurs des communes contre la féodalité, ils furent les bienfaiteurs de nos Ecoles, avant même d'être les souverains de Montpellier.

C'est ainsi que saint Louis se trouve le premier législateur de notre Faculté de droit. Charles-le-Bel et Philippe de Valois concèdent des privilèges. Jean II écrit en faveur des études juridiques, médicales et théologiques. Charles V et Charles VI exemptent d'impôts, spécialement de la taxe sur les vins, maîtres et élèves ; ils protègent les vrais médecins contre l'exercice illégal de la médecine et confirment les prérogatives des étudiants en droit.

Charles VII donne une sauvegarde aux étudiants en médecine, qu'il défend contre les consuls et les officiers municipaux ; il supprime même la taille pour les docteurs. Louis XI se préoccupe de l'Ecole de médecine où il institue cinq chaires nouvelles. Charles VIII, qui ne néglige même pas les divertissements des étudiants en carnaval, prend sous sa protection notre « Université fondée et dirigée, dit-il, de tel et de si long temps qu'il n'est bonnement mémoire du contraire pour le bien et utilité de humaine nature. »

Louis XII l'exonère du logement des gens de guerre et lui constitue une rente, considérable pour l'époque, de 500 livres. François Ier, qui devait venir, à Maguelone, honorer, dans son ami, le savant évêque Pélicier, un des Pères de la Renaissance, sanctionne, dès son avènement, les concessions de ses prédécesseurs pour l'Université de Montpellier « l'une des plus fameuses Universités du monde en la science et Faculté de médecine. »

Charles IX relève les traitements des professeurs, que double encore Henri IV, en même temps qu'il crée deux chaires de plus à l'Ecole de médecine. Louis XIV y en ajoute encore deux autres, ainsi qu'une nouvelle à l'Ecole de droit, où il établit des agrégés.

Trois ans de Révolution suffisent pour détruire l'œuvre de la

Monarchie! Dès 1793, la Convention ferme tous les collèges, toutes les Facultés, et, en vendant leurs biens, « aux mêmes conditions que les autres domaines de la République, » elle déshérite à jamais la jeunesse du patrimoine accumulé pendant six siècles.

L'Université de Montpellier avait vécu ; le Centenaire va la faire revivre.

En 1848, Berryer était monté, le même jour, dix fois à la tribune, à propos du budget. Un de ses collègues de s'étonner qu'il s'intéressât si vivement aux finances de la République ; le chef du parti légitimiste de répondre aussitôt : « C'est précisément, lorsque l'héritier est absent, qu'il faut défendre l'héritage. »

L'héritage de la Monarchie, de François Ier et de Louis XIV, les plus grands protecteurs qu'aient jamais eus les lettres et les arts, c'étaient les Universités. Puisque le Roi est en exil et le Dauphin en prison, c'est à nous de ne pas laisser détruire le legs de la royauté.

Le propre et l'honneur des monarchistes sont de se sacrifier toujours plutôt que de jamais rien sacrifier de la grandeur et de la dignité nationales. Autrefois, le roi de France ne vengeait pas les injures du duc d'Orléans ; aujourd'hui, le duc d'Orléans, pour servir le pays, veut servir même la République. C'est que pour lui, comme disait dans un procès célèbre le héros de la Smala, prince partout, surtout dans la République des lettres, sous tous les gouvernements, il y a la France!

Voilà pourquoi nos amis se passionnent pour le Centenaire. S'ils n'acclament pas le pouvoir qu'ils combattent, ils sont toujours au premier rang pour le service du pays. Comme ces milices communales qui, à Bouvines, se confondirent avec les troupes féodales qu'elles chassaient des villes, et s'ébranlèrent au même cri de « Montjoie et Saint-Denys », de même les royalistes peuvent se rencontrer avec les républicains pour crier ensemble :

« Vive l'Université de Montpellier! »

L'UNIVERSITÉ DE MONTPELLIER

ET LA RÉPUBLIQUE *

La Monarchie était la garantie de tous les droits, la sauvegarde de tous les intérêts, la tutelle des faibles, la répression des forts. C'est en protégeant les petits États contre de puissants voisins qu'elle assura la suprématie française ; c'est en personnifiant la justice pour tous qu'elle fut le principe de tout droit national.

Que fait, au contraire, la République ?

Elle ébranle toutes les institutions et toutes les situations locales ou personnelles, malgré les titres séculaires.

Voilà comment nos Facultés ne luttent depuis vingt ans que pour la vie.

Si les Facultés des lettres et des sciences ne sont nulle part mises en question, parce qu'elles ne confèrent que des grades, les Facultés de droit et de médecine, qui sont des Écoles professionnelles, sont, au contraire, partout menacées.

Nous avons une Faculté de droit : à qui la devons-nous et qui en fait les frais?

Nous ne critiquons certes pas cette dépense municipale. Il serait singulier qu'il n'y eût pas une Faculté de droit civil dans la ville qui inaugura cet enseignement en France, puisqu'il date chez nous de 1160, alors qu'il ne fut établi à Paris qu'en 1670! Notre nouvelle École a même dépassé toutes les prévisions. La troisième en France par le nombre des élèves, elle est déjà au premier rang par le mérite des professeurs.

Ce matin, à la cathédrale, Mgr. de Cabrières disait, dans son magnifique discours, que pour ces fêtes nous n'avions pas à chercher au dehors des poètes et des artistes. Si nous n'em-

* *Éclair* du 23 mai 1890.

pruntons rien à personne, de tous côtés on nous envie nos supériorités. Paris est venu chercher ici son romaniste ; Toulouse aurait bien voulu nous ravir l'éminent et sympathique doyen, M. Vigié, à qui la ville et nos Facultés devront le succès du Centenaire, dont il préside avec tant d'autorité le comité.

Eh bien, alors que la République a des centaines de millions pour les écoles laïques, même sans élèves, elle n'a pas les moyens de prendre à sa charge le déficit de cette Faculté de droit, qui atteint à peine 32,000 francs par an.

L'Etat fait tout, au contraire, pour augmenter à ses dépens la perte sur l'Ecole de médecine, en créant partout une concurrence à celle de Montpellier.

Avant 1890, il n'y avait que *trois Facultés de médecine* : à Paris, à Montpellier, à Strasbourg. Nancy a remplacé Strasbourg, mais l'on a créé trois Facultés nouvelles: à Lille, à Bordeaux, à Lyon. En doublant le nombre des Facultés, on n'a pas augmenté celui des élèves; on n'a fait que réduire les anciens centres scientifiques de tout ce qu'on donnait aux nouveaux. En même temps, Paris exerçait la loi d'attraction à laquelle on n'oppose aucune force centrifuge. C'est la ruine de la province.

Pour faire la fortune de Lyon, on a fortifié la Faculté par une Ecole de santé militaire, en dépit des convenances de la défense nationale, puisque la seconde ville de France serait, en cas de guerre, l'objectif des armées de l'Italie et de l'Allemagne du Sud.

Pour sauver Bordeaux, on lui destine, parait-il, l'Ecole de santé navale, alors que les maladies et les épidémies à traiter sont spéciales aux pays levantins ou aux colonies d'extrême Orient !

Que réserve-t-on à Montpellier ?

Ce n'est pas tout.

Après deux mille ans de vie commerciale, Marseille voudrait se payer le luxe d'être une ville scientifique, en obtenant une Faculté de médecine dont elle supporterait les frais, comme si le budget de la Faculté de Montpellier, qui est de 400,000 fr., ne devait pas perdre tout ce que gagnerait Marseille !

Paris avec la Cannebière serait un petit Marseille ; Marseille avec une Faculté de Médecine serait un petit Montpellier !

Il en est des Facultés comme des plantations. Elles ne viennent et ne prospèrent que dans des milieux abrités contre les tourbillons des grandes villes qui entraînent et flétrissent la jeunesse, comme les vents impétueux emportent et dessèchent les fleurs !

Sous les rois, les sujets avaient, en certaines circonstances, le droit d'exposer leurs doléances. En République, quand on a le chef de l'État dans ses murs, on lui doit la vérité.

Nous ne méconnaissons pas les sympathies et les intentions bienveillantes à notre égard de M. Liard, directeur de l'enseignement supérieur, et nous l'en remercions sincèrement. Mais, puisqu'il a constaté lui-même que la foi n'était plus souveraine, il ne peut s'étonner de notre scepticisme. Nous ne croyons plus qu'aux résultats.

Nous avons énuméré ce qu'avait fait chaque pape ou chaque roi. Quel sera le don de joyeux avènement de M. Carnot ?

Les fêtes passées, à quelle ville donnera-t-on l'Ecole de santé navale ? A Bordeaux ou à Montpellier ?

Erigera-t-on en Faculté l'Ecole de Marseille ?

En terminant l'histoire du règne de Louis XIV, Henri Martin fait observer que la France pardonne même aux despostes et n'est implacable que pour ceux qui la dégradent.

Chrétiens et libéraux, nous pouvons dissimuler, un jour, nos plaintes et nos revendications ; paysans et propriétaires, oublier que la viticulture française a surtout contre elle le gouvernement. Montpelliérains, nous ne lui pardonnerions jamais d'ôter le moindre fleuron à cette couronne de la royauté scientifique, notre attribut, que les Papes, les Rois et les siècles ont posée sur notre front.

LE CORTÈGE HISTORIQUE *

Dans l'histoire de notre Université, il n'y a pas de période plus brillante que celle de la Renaissance. Notre ville fut, à cette époque, le centre et le rendez-vous de tous les savants.

A la tête du mouvement figurait Guillaume Pellicier II, évêque de Maguelone, l'ami de Scaliger, de Cujas, de Turnèbe, qui l'appellent tous le premier latiniste du siècle. Commentateur de Pline l'Ancien et collaborateur de Rondelet, l'un des fondateurs de la Bibliothèque nationale et ambassadeur à Venise, il fut un des pères de la Renaissance. Son buste existe encore au jardin des plantes, devant l'ancienne serre.

François Ier étant venu le voir dans son île, en 1533, on décida le transfert du siège épiscopal à Montpellier. La bulle de Paul III à cet effet est du 27 mars 1536. La réception de Rabelais comme docteur ayant eu lieu le 22 mai 1537, le rapprochement de ces deux dates justifie tous les détails de la cavalcade. — Rondelet fut reçu la même année, mais nous ignorons le jour précis.

L'épreuve du doctorat consistait dans la soutenance, à plusieurs jours d'intervalle, de quatre thèses dans la chapelle Saint-Michel, à Notre-Dame des Tables. Le nouveau docteur était amené dans la huitaine chez l'évêque, jusqu'alors rue Salle-l'Evêque, désormais au nouveau palais épiscopal installé au monastère Saint-Germain et transformé depuis la Révolution en École de médecine.

La réception de Rabelais peut donc être considérée, au point de vue historique, comme l'inauguration du palais épiscopal ; au point de vue scientifique, comme le premier grand acte universitaire, *actus triumphalis*, accompli dans l'ancien cloître

* *Eclair* du 25 mai 1890.

bénédictin. C'est ce qui motive et légitime la présence au cortége des corporations ouvrières, des professeurs des quatre Facultés et des douze consuls.

L'évêque Pellicier ne serait pas le dernier à se féliciter de voir son ancienne habitation érigée en sanctuaire de la science : *Hippocrati sacrum !* Quelle plus digne annexe de la cathédrale d'Urbain V?

Tous les détails du cortége historique sont de la plus rigoureuse exactitude, depuis le costume des étudiants, composé d'après un procès-verbal publié par *le Temps*, il y a quelques mois, à propos du corps d'un étudiant du xvi° siècle, admirablement conservé, découvert sur une route de Bourgogne, jusqu'à la toque et à la robe de Rabelais, que l'on garde encore à l'Ecole de médecine. L'étudiant était vêtu d'un sarcot fleur de pêche, maillot fleur de vesce, cape à manches violettes et fourrures, la toque violette. La robe de Rabelais est rouge et la toque noire.

Les costumes des consuls sont la reproduction fidèle et minutieuse des dessins coloriés qui subsistent dans nos archives municipales ; ceux des professeurs, des magnifiques portraits de la *salle des actes* à l'École de médecine.

Deux mots seulement sur les deux chars principaux.

Char des six Siècles.

Le char, précédé d'un conducteur et de trois postillons, est disposé en étages ; il contient douze professeurs en six groupes de deux, représentant les personnalités qui ont illustré Montpellier, chaque groupe dans le costume de l'époque.

XIII° siècle: *Placentin*, Lombard d'origine, élève d'Irnerius et fondateur de l'Ecole de droit de Montpellier. C'est lui qui introduisit le droit romain en France. Il a composé la *Somme du Code* et la *Somme des Instituts*. Il mourut le 12 février, jour de sainte Eulalie, choisie, à cette occasion, comme patronne de l'École de droit. Il fut inhumé au cimetière Saint-Barthélemy (à la *Providence* actuelle). Le seigneur Guillem VIII suivit son convoi. Son effigie fut placée partout, jusque sur la masse du bedeau.

L'École de droit s'appelait *Aula Placentinea*. Il y a encore une conférence d'avocats stagiaires, la Conférence Placentin. L'ancienne École de Droit s'élevait à l'emplacement de Sainte-Eulalie et de la promenade basse (côté sud) du Peyrou. Si Placentin figure parmi les personnages du xiiiᵉ siècle, bien que mort à la fin du xiiᵉ, c'est par un anachronisme volontaire. On ne pouvait l'oublier.

Arnaud de Villeneuve, le premier de nos docteurs qui se soit affranchi de la médecine grecque et arabe. Il se vantait d'avoir découvert le moyen de faire de l'or. Clément V le prit à Avignon, pour faire partie de son entourage.

XIVᵉ siècle: *Guy de Chauliac*, le père de la chirurgie moderne. Médecin des Papes Clément VII et Urbain V, à Avignon, auteur de l'*Inventaire de la Chirurgie*; il déclara s'approprier complètement les idées de l'École de Montpellier.

Guillaume de Nogaret, professeur à l'École de droit, est trop connu pour qu'il soit nécessaire de raconter son histoire. Disons seulement qu'avant d'être chancelier de Philippe-le-Bel, il s'était surtout signalé comme professeur à notre École de droit.

La véritable illustration de cette école au xivᵉ siècle fut Grimoard, Pape sous le nom d'Urbain V. C'est un simple sentiment de convenance qui a interdit de le représenter.

XVᵉ siècle: *Antoine Saporta*, le maître et l'ami de Rabelais et de Rondelet, chef d'une famille où le talent et le travail s'ajoutent depuis douze générations à tant d'autres quartiers de noblesse.

Jacques Rebuffi, honoré, après trente ans de professorat, du titre de *Comte du droit*.

XVIe siècle: *Jean Philippi*, jurisconsulte, auteur de plusieurs ouvrages.

Isaac Casaubon, théologien calviniste, professeur de grec à Montpellier, un des premiers érudits de la Renaissance.

XVIIe siècle : *François Ranchin*, médecin, chancelier de l'Université, qui habita le collège de Mende (maison Combal), où subsiste encore son buste sur le terrasse. Il doit être d'autant moins oublié qu'il s'est glorifié dans un ouvrage : *Apollinare sacrum*, des illustrations sorties de l'Université de Montpellier.

Magnol, grand botaniste, qui a découvert et introduit dans la science la classification par *familles*. Il a laissé son nom au Magnolia.

XVIIIe siècle : *Barthez*, l'une des gloires de l'Ecole de médecine. Il a combattu le matérialisme et affirmé la distinction de la matière et de l'esprit, en proclamant le *principe vital*.

De Candolle, professeur de botanique, propagateur de la méthode naturelle introduite par Bernard de Jussieu.

Char de Rondelet et de Rabelais.

Rondelet, fils d'un droguiste de notre ville, fut, d'après Cuvier, un des fondateurs de l'histoire naturelle. Il a composé l'*Histoire entière des poissons, tant de lacs, mers, étangs, fleuves que rivières*. Il obtint d'Henri II la construction à Montpellier d'un amphithéâtre où l'on fit pour la première fois des démonstrations publiques d'anatomie, comme le Jardin des plantes créé par Henri IV devait-être, en France, le premier établissement de ce genre.

Rabelais, le principal héros de la fête, fut reçu docteur le 22 mai 1537, sous la présidence d'Antoine Griphy. Il songea d'abord à exercer la médecine. Le *Pantagruel* conserve le souvenir de sa vie et de ses facéties d'étudiant. Il y parle notamment de

Saporta et de *Rondibilis,* métamorphose de Rondelet. C'est à Montpellier qu'il vit jouer « la morale comédie de celuy qui avoit espousé une femme mute. » Il ajoute n'avoir jamais tant ri. C'est de ce *Patelinage* que Molière a tiré une scène du *Médecin malgré lui.*

Rabelais a été un des écrivains les plus originaux et les plus libres de notre littérature. M. le Ministre de l'Instruction publique l'a cité avec sympathie. La Bruyère, qui n'était pas tenu à la même réserve que le grand-maître de l'Université, a caractérisé son génie en disant qu'il est « le charme de la canaille, mais que, là où il est bon, il peut être le mets des plus délicats. »

GERMAIN *

C'est à Germain que revient le principal honneur du Centenaire. Il est regrettable qu'on n'ait pas profité de l'occasion pour lui ériger un monument. S'il revit par ses œuvres et par ses services, nous croyons juste de rappeler sa vie en reproduisant les lignes écrites le jour de sa mort, dans l'effusion de notre cœur, comme un tribut de notre affection et de notre vénération.

Depuis hier matin, notre ville est en deuil ; une grande existence vient de finir : M. Germain est mort !

La cité a perdu son immortel historien, la Faculté des lettres le doyen qui l'a illustrée, l'Institut de France une de ses lumières.

Né à Paris, en décembre 1809, M. Germain appartenait à cette brillante génération formée par Guizot et Augustin Thierry. Entré de bonne heure à l'École Normale, il y fut le condisciple de Germer-Durand, de Vallon et de Duruy ; il en sortit pour débuter comme écrivain, par une thèse sur *Sidoine Apollinaire*, ouvrage qui n'a pas était refait et reste définitif.

Nommé professeur d'histoire au lycée de Nimes par Guizot, le jeune docteur préparait une vie de saint Bernard, quand l'historien de *sainte Élisabeth de Hongrie* sollicita le privilège de traiter ce sujet, le rêve de son cœur, le but de toutes ses recherches. M. Germain eut le double mérite de céder à la touchante prière du fils des croisés et de renoncer à un ouvrage, dont il avait déjà réuni les principaux éléments. Mais, si une partie a paru dans l'introduction à l'*Histoire de l'Église de Nimes*, Montalembert ne devait pas davantage réaliser son plus cher désir. Le tome premier avait été imprimé, quand, sur le conseil de Mgr. Dupanloup, il fut supprimé et refondu dans

* *Éclair* du 28 janvier 1887.

cette histoire des *Moines d'Occident* qui compte sept volumes, mais à jamais inachevée, comme les plus belles cathédrales du moyen âge (1).

Professeur d'histoire à la Faculté des lettres de Montpellier, lors de la réorganisation des Facultés, en 1838, M. Germain s'y trouva le collègue du vénérable M. Siguy, de l'abbé Flottes, un de nos plus grands penseurs, de Saint-René Taillandier, digne d'être appelé à la Sorbonne et à l'Académie française. Pendant sa longue existence, ses leçons n'ont jamais cessé d'être suivies par un nombreux auditoire, toujours fidèle, empressé d'entendre sa parole, d'une clarté lumineuse, d'un intérêt renouvelé, animée de piquantes saillies qui révélaient autant d'esprit que de savoir. Le maître s'identifiait tellement avec son enseignement, qu'il ne s'est permis d'interrompre ses cours qu'une seule fois, encore pour une solennité historique autant que religieuse.

Ces devoirs du professorat et du décanat, dont il avait été investi à la retraite de M. Siguy, ne suffisaient pas à satisfaire sa passion de l'étude.

Il avait payé son tribut à la ville de Nimes, en faisant connaître ses annales religieuses; il donna, comme don de joyeux avénement à sa nouvelle cité d'adoption, l'*Histoire de la commune de Montpellier*, un des livres les mieux faits, les plus intéressants, couronné par l'Académie française qui lui décerna deux fois le prix Gobert, et qu'il compléta, bientôt, par l'*Histoire du Commerce*.

Si ces deux ouvrages sont très populaires, ceux-là seuls qui suivent les publications de la Société archéologique de Montpellier peuvent apprécier les trésors d'érudition et de critique renfermés dans sa collection, si recherchée en Allemagne et en Angleterre. Il y a là plus de soixante mémoires de M. Germain, qui forment sept gros volumes, sur les sujets les plus variés,

(1) Vingt ans plus tard, Montalembert nous disait: « Montpellier est une ville doublement privilégiée, parce qu'elle possède le plus beau musée de province et M. Germain ».

tous d'une égale autorité, car il ne faisait rien à demi, remontant toujours aux sources, fouillant les archives avec un tact merveilleux, qu'aucune recherche ne rebutait et qui avait le secret de vivifier même les sujets qui semblaient d'abord stériles ou insignifiants. Certaine de ces monographies sont de véritables ouvrages ; l'une d'elles, *Maguelone sous ses évêques et ses chanoines*, a valu à la Société, en 1873, la récompense attribuée au meilleur ouvrage d'histoire locale.

Il y a trois ans, la Société archéologique résolut d'éditer le *Cartulaire des Guillems de Montpellier*, vulgairement connu sous le nom de *Mémorial des Nobles*. Malgré son âge, M. Germain accepta cette tâche, dont il s'acquitta en moins de deux ans, bien que cette publication contienne près de mille pages grand in-8°. Loin de ménager ses forces, il les épuisa comme par un excès de travail qui provoqua l'infirmité dont il devait être victime. Aussi, en se réunissant pour entendre une de ses lectures, ses collègues le félicitèrent, mais se firent un devoir de consigner, dans les procès-verbaux, qu'après avoir honoré la science par ses écrits, il avait donné le rare exemple de se sacrifier pour elle.

Au début de sa carrière, M. Germain avait entrepris une *Histoire de la Septimanie*, qu'il avait interrompue. Comprenant qu'elle devait servir d'introduction à tous ses ouvrages, il venait d'y mettre la dernière main. Si elle reste encore à l'état de manuscrit, elle est, grâce à Dieu, complètement terminée et sera bientôt imprimée.

Le doyen de la Faculté des lettres, que l'Académie des inscriptions et belles-lettres avait nommé l'un de ses dix membres libres, ne pouvait oublier que notre ville doit sa principale gloire à l'éclat de ses Écoles. Aussi, avait-il pris l'initiative de proposer la célébration, en 1889, du sixième centenaire de l'Université de Montpellier, la troisième de France par l'ancienneté. Il espérait couronner sa vie en publiant, à cette occasion, l'histoire de cette Université, à laquelle il n'a jamais cessé de travailler et qui devait être la conclusion de nombreux mémoires. Espérons que cette œuvre, qui lui tenait tant au cœur, ne sera pas perdue, et que l'un des premiers maîtres de notre enseignement, qui a été la consolation et l'honneur de sa maison, réalisera sa dernière pensée.

Quand on examine les travaux de M. Germain, l'imagination reste confondue à la seule pensée qu'un seul homme a pu faire une œuvre à laquelle il semble que la vie de dix hommes supérieurs aurait pu à peine suffire. C'est qu'il n'y eut pas d'existence plus pure, plus sévère, mieux ordonnée. Sa vie fut celle d'un bénédictin ; il ne connut du monde que les devoirs et ne goûta de l'existence que les joies du foyer.

Levé de grand matin, il se retirait dans son cabinet de travail, ne sortant que pour faire l'exercice nécessaire à sa santé ou remplir les convenances sociales qu'il observa plus que personne. Comme Du Cange, il ne ferma jamais sa porte à personne, l'ouvrant même à la foule des solliciteurs qui savaient que le plus distingué des professeurs était, aux examens, le plus indulgent des juges. Il accueillait tout le monde également, avec ce sourire fin, dont la bienveillance tempérait la malice.

Si la vie de M. Germain se résume dans le travail, c'est que le travail est l'œuvre par excellence, la condition et la mission de notre destinée ici-bas. Qui travaille prie ! Chrétien convaincu, il ne se contentait pas, d'ailleurs, de donner l'exemple de toutes les vertus; il savait tirer et proclamer la leçon des événements.

Dans l'*Histoire de la commune de Montpellier*, il a prouvé qu'au moyen âge l'esprit de liberté est solidaire de l'esprit catholique. Il y a quelques jours seulement, il montrait encore, à propos des conciles de Tolède, l'œuvre civilisatrice de l'Eglise. Après avoir toujours été fidèle à la religion, il lui a dû sa dernière consolation.

« Je suis bien fatigué », disait-il au vénérable prêtre qui l'assistait. Ce fut sa dernière parole ; ce fut aussi la preuve que le bon serviteur méritait enfin la récompense de sa bonne volonté, qui ne s'était pas lassée un instant, et le repos dans l'éternité, qu'il n'avait jamais connu et s'était toujours refusé ici-bas.

Si M. Germain, qui a eu le culte passionné du vrai, a désormais l'intuition des vérités surnaturelles, ses concitoyens n'ont-ils pas un devoir à remplir ?

Il a élevé à la gloire de Montpellier un monument d'érudition comme il n'en existe dans aucune autre ville de France. Serait-ce trop que d'ériger sa statue sur une de nos places publiques ?

En honorant la mémoire de son historien, notre ville ne ferait que témoigner de l'illustration de ses annales, du mérite des contemporains, de la reconnaissance de la postérité.

TABLE DES MATIÈRES.